UFOs

Begegnungen mit dem Unbekannten

von

Frank W. Baumann

© 2016 Frank W. Baumann

2. Auflage 2017
3. Auflage 2018
4. Auflage 2019
5. Auflage 2021

Herstellung und Verlag:
BoD – Books on Demand, Norderstedt

ISBN: 9783741288425

Inhaltsverzeichnis

Einleitung	7
Geschichte des UFO Phänomens	9
Es gibt sie immer noch	13
Schwarze Dreiecke	20
Entführungen	23
Gerüchte: Unterirdische Basen – UFO-Abstürze	27
Die Stephenville-Sichtungen	36
UFOs über Flugverbotszonen	39
UFO-Antrieb	43
Wissenschaftler und Außerirdische	46
Alienarten	49
Von Oumuamua und Präastronautikern	52

Analyse   57

Literatur   61

Internetquellen   63

Abbildungsverzeichnis   64

Einleitung

Über UFOs zu schreiben, ist nach wie vor etwas heikel. Dies gilt insbesondere, wenn man sich den UFOs „im engeren Sinne" widmet, also den Fällen, die bisher ungeklärt sind. Daneben gibt es noch UFOs „im weiteren Sinne", also UFOs, für die wahrscheinlich eine irdische Erklärung zutrifft. Seit fast 70 Jahren gibt es nun den Streit zwischen Befürwortern des Phänomens und Skeptikern. Bisher, dass muss man zugestehen, ist die von den Skeptikern vertretene Position, dass man alle UFO-Sichtungen rational erklären kann, unter Wissenschaftlern am meisten verbreitet. Dies geht sogar soweit, dass viele Akademiker sich nicht zu ihrer Mitarbeit an UFO-Forschungsorganisationen bekennen und ihre Forschungen im stillen Kämmerlein durchführen.

Wenn man auf die letzten Jahre zurück blickt, scheint sich aber ein leichter Trend zu Gunsten der Befürworter des Phänomens abzuzeichnen. Es begann, als die ersten Exoplaneten entdeckt wurden und die Frage wieder aufkam, ob es wohl intelligentes Leben im All gibt. Etwa zeitgleich erfolgte die Freigabe von UFO-Akten durch diverse Staaten, wie z. B. Großbritannien. Bis heute wächst auf diese Weise das Datenmaterial, auf das sich die UFO-Forscher stützen. Doch viele haben nur geringe Mittel, um ihre Forschungen durchzuführen. So wäre z. B. ein weltweites Netz von Beobachtungsstationen nötig, um UFOs endlich ernsthaft zu

Leibe zu rücken. Erste mobile und stationäre Beobachtungsstationen sind bereits vorhanden und es gibt sogar bereits Gedankenspiele, einen kleinen Satelliten, der sich ausschließlich der UFO-Beobachung widmet, in eine orbitale Bahn zu bringen.

Dies alles wäre in dem Umfang nicht nötig, wenn die Militärs der führenden Industrienationen etwas kooperativer wären. Mittlerweile kann als bewiesen gelten, das hier ein ernsthaftes Interesse an dem Phänomen besteht. Darauf deuten nicht nur die US-Dokumente hin, die durch den „Freedom of Information Act" freigegeben wurden, sondern auch das Sammeln von UFO-Sichtungen durch das Militär. Natürlich ist das noch kein Beweis, dass es UFOs gibt, nur weil sich das Militär dafür interessiert, doch es zeigt, dass das Phänomen es wert ist, wissenschaftlich untersucht zu werden und dafür geeignete Mittel zur Verfügung zu stellen.

Dieses kleine Buch soll ein wenig dazu beitragen, Interesse für UFOs zu wecken und zeigen, dass doch ein wenig mehr dahinter steckt als nur Wetterballons, Drohnen, Venus und Miniaturheißluftballons. Ich selbst beobachte das Phänomen seit etwa 10 Jahren und habe in diesem Buch einige Fälle zusammengetragen, die sich seit 1990 zugetragen haben. Also viel Spaß beim Lesen.

Geschichte des UFO-Phänomens

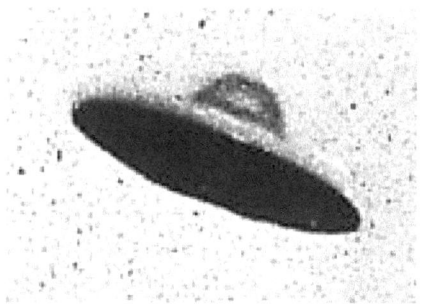

Abb. 1: UFO über New Jersey 1952

Noch vor der ersten UFO Welle 1947 war Los Angeles im Jahr 1942 Schauplatz eines UFO-Vorfalls, der unter der Bezeichnung "Battle of Los Angeles" Berühmtheit erlangte. Am 25. Februar begannen in der Nacht die Luftabwehr Batterien zu feuern, obwohl, wie sich später herausstellte, keine feindliche Maschine in der Luft war. Das Ganze wurde später als Kriegshysterie unter dem Tisch gekehrt, die in dem Angriff auf Pearl Harbour durch die Japaner ihre Ursache hatte. Doch zahllose Zeugen berichteten, das in der Tat "etwas" in der Luft war, das silbern glitzerte, keine Geräusche verursachte und offenbar in der Lage war, auf der Stelle zu schweben. Obwohl ringsherum die Flak-Granaten explodierten, trug das merkwürdige Flugobjekt offenbar keinen Schaden davon.

Forscher der ersten Stunde waren in den 50er Jahren Männer wie Major Donald Keyhoe, der seine Kontakte zum amerikanischen Militär gut zu nutzen wusste. Eines seiner Bücher wurde auch hierzulande bekannt, die deutsche Version trägt den Titel: „Der Weltraum rückt uns näher". In diesem Buch beschreibt Keyhoe, wie die US Air Force immer wieder vergeblich versuchte, UFOs abzufangen. Es gibt sogar Aussagen von Piloten, dass sie mit Hilfe von Radar zu den UFOs geleitet wurden und diese dann auch tatsächlich sahen. Als ihre Versuche, die fremden Flugapparate zur Landung zu zwingen, nichts nutzten, änderte die Air Force ihre Strategie. Mit Hilfe von Bordkameras konnten sie zumindest die Eindringlinge dokumentieren, wie Keyhoe schreibt. Doch bis heute ist keines der Bilder aufgetaucht. Einer der spektakulärsten Fälle, den er in seinem Buch beschreibt, sind sicherlich die Sichtungen über Washington 1952. Die Lichterscheinungen wurden sowohl vom Radar registriert als auch von einigen Zeugen beobachtet. Als schließlich Abfangjäger Washington erreichten, verschwanden die UFOs. Nachdem die Jets ihren Treibstoff verbraucht hatten und den Ort des Geschehens verlassen mussten, tauchten die Erscheinungen prompt wieder auf. Keyhoe berichtet auch, dass es damals offenbar zwei Fraktionen im amerikanischen Militär gab. Eine Partei wollte das Phänomen untersuchen und dann gegebenenfalls die Öffentlichkeit unterrichten, eine weitere Gruppe, die schließlich die Oberhand gewann, wollte möglichst wenig von den Vorfällen nach draußen dringen lassen und versuchte so gut es ging die technische Überlegenheit der UFOs zu verschleiern. Letztere schwenkten schließlich auf die Strategie ein, die UFO-Zeugen ins lächerliche zu ziehen und harmlose Erklärungen anzubieten.

Der Höhepunkt dieser Verschleierungstaktik war sicherlich die Sumpfgastheorie von Allan Hynek, ein Astronom, der für die Air Force 1966 in Michigan einige UFO-Sichtungen untersuchte. Nach seinen Darstellungen war Sumpfgas, das sich entzündet hatte, verantwortlich für das Phänomen. Doch Hynek sollte Lehren aus dieser Erfahrung ziehen. Er wandelte sich vom Saulus zum Paulus und veröffentlichte einige viel beachtete Werke zur UFO-Thematik.

Eine ungewöhnliche Theorie zur Geschichte des UFO-Phänomens vertritt Richard Hall (deutsche Ausgabe „Ungebetene Gäste"). Demnach lassen sich die UFO-Aktivitäten in verschiedene Phasen gliedern. Die erste Phase ab 1947 war geprägt von Atmosphärischen Erscheinungen (Scheiben, Lichter) und Gerüchten von UFO Abstürzen. Der bekannteste ist sicherlich Roswell/New Mexico. Hall verweist darauf, das die meisten mutmaßlichen Abstürze in den ersten zwei Jahrzehnten nach 1947 stattfanden. Darauf folgten Landungen und Verfolgungen von Autos insbesondere auf einsamen Landstraßen. Dies ereignete sich insbesondere ab dem Ende der 50er, Anfang der 60er Jahre.

Schließlich mündete das Ganze in dem Entführungsphänomen, das ebenfalls Ende der 50er, Anfang der 60er Jahre zum erstenmal auftrat. Einen größeren Bekanntheitsgrad erfuhr dieses Phänomen allerdings erst ab den 70er Jahren. Man könnte also den Eindruck gewinnen, dass sich eine Intelligenz nach anfänglichen Fehlern immer weiter vor tastet und schließlich in seinen Operationen immer sicherer wird. Man sollte vielleicht noch die schwarzen Dreiecke erwähnen, die um 1990 herum in Belgien zum erstenmal massiv in Erscheinung traten. Dieses Ereignis mit tausenden von Zeugen ging als „Belgische UFO-Welle" in die Geschichte ein. Außer den erwähnten Scheiben, Lichtern und schwarzen Dreiecken gibt es zahlreiche weitere UFO-Varianten (z. B. Zigarren), die uns bis heute immer wieder verblüffen.

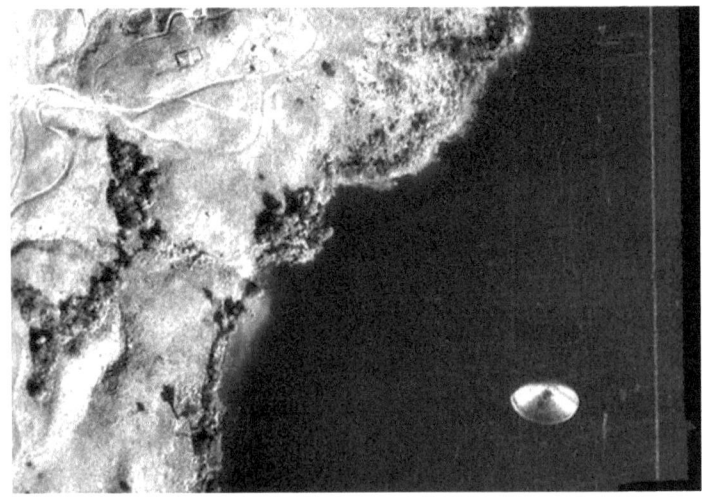

Abb. 2: UFO über Costa Rica 1971

Es gibt sie immer noch

Abb. 3: Himmelserscheinung über Nürnberg 1561

Ich interessiere mich auch ein wenig für alte Sagen, besonders wenn ein lokaler Bezug vorhanden ist. Hier sind die Ausführungen Jacques Vallee interessant, der eine Verbindung zwischen alten Legenden und dem UFO-Phänomen sieht. Nun gibt es in Franken, wie auch andernorts die Sage von dem "wilden Heer", nach der Überlieferung Wotan und sein Gefolge, die in den dunkelsten Nächten um die Jahreswende durch die Lüfte brausen. Vor vielleicht 30 Jahren habe ich eine ältere Frau kennengelernt, die behauptete, dieses "wilde Heer" selber gesehen oder zumindest gehört zu haben. Nach ihrer Aussage ging das Phänomen immer von denselben Ort aus.

Von einem anderen Fall gibt es eine gerichtliche Zeugenaussage aus dem 19. Jh., wonach ein Mann ein "kleines Männlein" gesehen habe, dass plötzlich wieder verschwunden sei. Ein weiterer Fall dreht sich um ein Waldstück in der Nähe des Örtchens Wohlmannsgesees, dem sog. "Druidenhain". Der Ort hat eine besondere Atmosphäre, da er von einem Labyrinth von Felsbrocken durchzogen ist. Eine Sage beschreibt, dass man vor einigen Jahrhunderten seltsame Lichter in dem Wald gesehen habe. In einem Buch von Johannes Fiebag gibt es ebenfalls eine Zeugenaussage, wonach sich wieder eigenartige Lichter durch diesen Wald bewegt hätten. Manchmal wird das Waldstück von sagen wir mal etwas exzentrischen Leuten besucht, aber ich denke, wenn da Menschen mit Taschenlampen durch den Wald geirrt wären, hätten das die Zeugen bemerkt. Nach der Überlieferung soll es ein Kultplatz der Kelten gewesen sein, aber bisher ließ sich das nicht nachweisen.

Abgesehen von Vallee gibt es noch weitere Autoren und Forscher, die auf den „High-Strangeness" Faktor in Bezug auf UFOs hinweisen. So gibt es Beschreibungen, dass mit der Annäherung von einem UFO plötzlich Umgebungsgeräusche verstummten und sich eine bleierne Stille über allem legte. Erst, als das Objekt sich wieder entfernte, kamen die Alltagsgeräusche zurück. Aber die merkwürdigsten Berichte betreffen sicherlich die Orbs, also Lichtkugeln von unterschiedlicher Größe, die offenbar intelligent gesteuert sind. Diese Erscheinungen tauchen auch in Sagen auf und darin wird oft berichtet, dass sie an bestimmten, verrufenen Orten ihr Unwesen treiben. Aus jüngerer Zeit stammt ein Bericht, wonach eine Gruppe von Erwachsenen und Kindern Zeugen einer UFO-Landung wurden. Die Kinder bemerkten den Vorfall als erstes und rannten zu den Erwachsenen, um ihnen davon zu erzählen. Das Erstaunliche ist, dass nicht alle aus der Gruppe das gleiche sahen. Manche konnten das gelandete UFO beobachten, um das kleine graue Wesen herumliefen, andere sahen hingegen an der betreffenden Stelle nur leuchtende, schwebende Lichtkugeln. Ähnlich verlief auch ein Vorfall bei Stonehenge in Südengland. Diesmal waren Soldaten die Zeugen, die ebenfalls unterschiedliches beobachteten. Während einer einen leibhaftigen Drachen sah, wurde ein anderer von einem monströsen Wesen aus H. P. Lovecrafts Cthulhu-Mythos erschreckt. Auch hier waren wieder die mysteriösen Orbs am Werk. Kann also eine Intelligenz nach Belieben bei

Menschen unterschiedliche Wahrnehmungen hervorrufen? Welchen Zweck hätte das Ganze? Immerhin kann man sagen, dass die Zeugen, die näher an den Orbs waren, von solchen „Halluzinationen" offenbar eher betroffen waren, während Menschen, die weiter entfernt standen, nur die Lichtkugeln sahen. Letztere werden im Übrigen in Südengland häufiger im Zusammenhang mit Kornkreisen beobachtet. Immerhin ließe sich dadurch auch erklären, warum sich manche „Ufonauten" offenbar an Landesgrenzen halten, d. h. Menschen unterschiedlicher kultureller Herkunft sehen auch unterschiedliche Wesen. Die von den „Orbs" hervorgerufenen „Halluzinationen" sind demnach von weltweit unterschiedlichen Überlieferungen und Sagen inspiriert. Trotz solcher Geschichten, von denen eine haarsträubender ist als die andere, gibt es aber auch Hinweise, dass durchaus auch fremde Fluggeräte mit „Nieten und Bolzen" unseren Luftraum durchqueren.

Auf der Webseite Reddit's meldete sich in der Sektion "I am a . . . Ask me Anything" ein amerikanischer Fluglotse, der sich bereit erklärte Fragen zu seinem Beruf zu beantworten. Es folgten die üblichen Fragen, z. B. Stress im Job etc., als einer der Fragesteller nach UFOs fragte. Daraufhin folgte eine recht ungewöhnliche Antwort. Der Fluglotse erinnerte sich an einem Vorfall in den 90ern, als die Airforce One mit Bill Clinton an Bord und dem Ziel San Francisco seinen Zuständigkeitsbereich überflog. Er arbeitete zu der Zeit im

Oakland Center, der Vorfall ereignete sich um 16:00 Uhr. Nachdem alles wie gewohnt abzulaufen schien, wurde der Fluglotse plötzlich mit Pilotenmeldungen von unidentifizierten Luftverkehr überflutet. Der Fluglotse überprüfte das auf seinem Radarschirm, aber nichts Ungewöhnliches war zu sehen. Mittlerweile war der Funkverkehr ziemlich überlastet, Piloten sprachen miteinander über die seltsamen Flugobjekte, die wilde Flugmanöver durchführten (Piloten sprechen laut Fluglotse normalerweise nur mit dem Tower, nicht untereinander). Es stellte sich heraus, das es wohl mindestens 4 Objekte waren. 35 Minuten, nachdem das erste UFO erschien, war der Spuk anscheinend vorbei, da keine Meldungen mehr herein kamen. Keiner der Piloten gab eine offizielle Meldung an die US-Bundesluftfahrtbehörde FAA ab, da sie wohl fürchteten, ihre Lizenz zu verlieren. Der Fluglotse gab auch einen kurzen Kommentar zur FAA ab, die es mit ihren Bestimmungen den Piloten nicht gerade leicht macht, ein UFO zu melden. Wenn sich z. B. beim Einreichen des Berichtes herausstellt, das der Pilot auch nur gegen eine Bestimmung verstoßen hat, kann er in ernste Schwierigkeiten geraten.

In Israel wurde vor einigen Jahren ein möglicher UFO-Landeplatz in einer landwirtschaftlichen Siedlung zwischen Ramla und dem Lod International Airport untersucht. Die Ereignisse begannen in der Nacht vom Sonntag auf Montag dem 28. November 2005, als eine Zeugin um 01:30 Uhr

Geräusche aus der Richtung des Hofes kommen hörte. Zunächst dachte sie an Einbrecher und machte das Hoflicht an, doch sie bemerkte nichts Ungewöhnliches. Eine andere Zeugin gab an, sie hätte die Hunde zwischen 02:00 und 03:00 Uhr gehört, doch dem keine Aufmerksamkeit geschenkt. Am anderen Morgen waren auf dem Hof elliptische Eindrücke zu erkennen, wobei der zentrale Eindruck eine Größe von 1,5 bis 2 m hatte. In der Nähe des zentralen Eindruckes befand sich ein Graben von 10 cm Tiefe und 1-1,5 m Länge. Weitere Spuren waren etwas Ruß an einem Telefonmast und grauer Staub, der angrenzendes Gras bedeckte. Die Zeugen verständigten die Polizei, doch diese konnte keinen Hinweis auf eine Straftat finden. Die Polizei verständigte wiederum die ICFUFOR, ein israelitischer Verein zur Untersuchung von UFO-Meldungen. Kurz nach dem Vorfall wurde ein Helikopter gesichtet, wie er über den Hof kreiste. Das Verhalten der Hunde war ebenfalls auffällig. Die Tiere wagten sich erst einige Stunden nach den Ereignissen in die Nähe der Spuren.

Ganze UFO-Flotten wurden vor einigen Jahren in Mexiko gesichtet. So auch in Guadalajara. Nach Aussage des Zeugen fuhr er in seinem Auto, als er eine Flotte von 40 UFOs über den Himmel ziehen sah. Er hielt den Wagen an, schoss einige Fotos und filmte eine kurze Videosequenz. Die UFOs bewegten sich von Südwest nach Nordost, die Geschwindigkeit variierte. Das Äußere war metallisch schwarz und von unterschiedlicher Form. Die Objekte bewegten sich in Gruppen und der Zeuge berichtete, dass einige ihre Form verändert hätten. Keine Flugzeuge wären in der Nähe gewesen und Kondensstreifen hätte man ebenfalls nicht beobachten können. Militärbasen oder Flughäfen wären ebenfalls nicht in der Umgebung gewesen.

In den USA hat sich 1981/82 ein Vorfall ereignet, der offenbar erst vor kurzem an Mufon gemeldet wurde. Ein Taxifahrer beobachtete ein UFO, das er erst für einen Helikopter hielt. Er kurbelte das Fenster seines Wagens herunter, konnte aber kein Geräusch hören. Da er morsen konnte, entschloss er sich mit einer Lampe Signale an das UFO zu senden. Zuerst versuchte er es mit "Hi". Prompt kam die Antwort: "Hi". Er dachte, das er es möglicherweise mit einem Computer zu tun hatte, der automatisch auf Blinkzeichen reagiert, und versuchte es nun mit etwas komplizierteren: "My name is Charlie". Mit der Antwort hatte er allerdings nicht gerechnet: "My name is Zon". Sendete es, und war verschwunden. Der Zeuge suchte den Himmel ab, konnte das UFO aber nicht mehr entdecken. Später soll er angeblich Besuch von Regierungsbeamten gehabt haben, aber obwohl sie angaben, sich bei ihm zu melden, hörte er nie wieder etwas von ihnen.

Schwarze Dreiecke

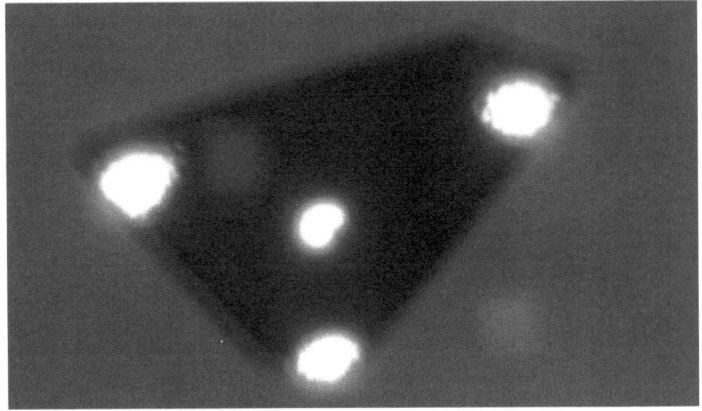

Abb. 4: UFO über Belgien 1990

Es ist sicherlich nicht übertrieben zu formulieren, dass die „schwarzen Dreiecke" mit einem Paukenschlag in die UFO-Historie von Europa eintraten. Deutschland war 1990 mit seiner Wiedervereinigung beschäftigt, und so wurde kaum bemerkt, was sich gleichzeitig im Nachbarland Belgien abspielte. Tausende von Zeugen, darunter auch Polizisten, beobachteten merkwürdige schwarze dreieckige Flugobjekte, die an den Ecken weiße Lichter und in der Mitte ein rotes Licht aufwiesen. Sie flogen völlig lautlos und es wurde sogar berichtet, dass sich das rote Licht von dem UFO lösen und eigenständig fliegen konnte.

Die belgische Luftwaffe konnte das natürlich nicht auf sich sitzen lassen und so wurden Abfangjäger in Bereitschaft gehalten, um eines der Flugobjekte abzufangen. Tatsächlich ließ ein UFO nicht lange auf sich warten und die Jäger starteten. Was folgte war ein Katz und Maus Spiel. Die Jäger hatten das UFO auf dem Radar und sogar das Zielerfassungsgerät meldete ein „log on". Allerdings beschleunigte das UFO und die Jäger konnten nicht mehr folgen. Die belgische Luftwaffe veranstaltete daraufhin eine Pressekonferenz und präsentierte ihre Erkenntnisse den erstaunten Journalisten. Noch heute gibt es im Internet hitzige Diskussionen zwischen Skeptikern und UFO-Gläubigen über die Vorfälle. Seitdem werden vor allem im angelsächsischen Raum immer wieder die berüchtigten Dreiecke gesichtet. Da in den USA, Kanada und UK sich die Sichtungen besonders häuften, vermuteten einige Ufo-Forscher geheime Projekte des US-Militärs. Doch auch wenn man voraussetzt, dass das US-Militär bei seinen „Black Projekts" der heutigen Technologie um 10 Jahre voraus ist, ist doch die Technik der schwarzen Dreiecke der unseren sicherlich mehrere Jahrzehnte wenn nicht gar Jahrhunderte voraus. Auf Fotos sind leider meist nur die Lichter zu erkennen, Aufnahmen, bei denen man den Umriss der Dreiecke erkennen kann, sind sehr selten. Zeugen berichten manchmal auch, das sie das Objekt nur erkennen konnten, weil ein schwarzer Schatten vor den Sternen vorbei zog.

In Cedar Park/Texas wurde im Januar 2013 eine Variante eines dreieckförmigen UFOs mit 1,20 m (4 feet) großen

Wesen an Bord gesichtet. Sie blickten aus einer Fensterfront auf dem Zeugen herab: „*Ich hörte ein Brummen hinter mir*", berichtete der Zeuge. „*Ich drehte mich um und sah wie ein schwarzes dreieckiges Fluggerät über den Stromleitungen hinter meinem Haus schwebte.*" Er bemerkte weiter: „*Es hatte ringsherum einige Fenster und ein schmaler Lichtstrahl schoss herunter von der Mitte unterhalb des UFOs. . . . Es war schwarz und geformt wie ein Dreieck, unterhalb des Objektes waren vier runde weiße Lichter, und . . . es schoss ein gelber Lichtstrahl herunter zu den Stromleitungen . . . Es hatte ungefähr vier Fenster an der Frontseite, aber ich sah niemanden bis das Objekt die Richtung änderte. Ich sah dann zehn schmale etwa 1,20 große Gestalten, die herunter schauten auf die Kontrollgeräte innerhalb des UFOs, herunter zu den Stromleitungen, oder herunter zu mir.*"

Entführungen

Auch in Deutschland gibt es sie: Menschen, die glauben von Außerirdischen entführt worden zu sein. Äußert sich hier ein psychisches Leiden oder steckt mehr dahinter? Seit den 1960er Jahren hat das UFO-Phänomen eine neue Qualität gewonnen. Immer mehr Menschen glauben, UFOs nicht nur gesehen zu haben, sondern sogar von ihnen verschleppt worden zu sein. Besonders in der USA haben sich Psychologen mit dem Phänomen beschäftigt, doch die meisten Wissenschaftler sind eher skeptisch eingestellt.

Meistens beginnt das unheimliche Erlebnis in der Nacht. Häufig haben die Betroffenen am Morgen danach zunächst nur das Gefühl der Nachwirkung eines lebhaften Traumes, an den sie sich nur bruchstückhaft erinnern. Mit der Zeit kommen immer mehr "Erinnerungen" in das Bewusstsein und irgendwann kommt dann der Punkt, an dem die Person glaubt, tatsächlich etwas Außergewöhnliches erlebt zu haben. Manche Betroffene sehen mitten in der Nacht fremde Wesen an ihrem Bett stehen, worauf die Erinnerung dann abreißt und sie vielleicht erst Stunden später wieder in ihrem Bett aufwachen. Doch das Phänomen ist nicht nur auf die Nacht beschränkt. Es gibt zahllose Berichte, wie auch den von Betty und Barny Hill, wo lange einsame Autofahrten plötzlich eine völlig unerwartete Wendung nahmen. Meistens sehen die Zeugen ein merkwürdiges Licht oder

Flugobjekt näher kommen, worauf der Wagen dann stehen bleibt, der Motor und die gesamte Elektronik ausfällt. Augenblicke später finden sie sich plötzlich wieder auf der Straße am Steuer ihres Wagens und es scheint rein gar nichts passiert zu sein. Erst nach der Ankunft wird bemerkt, dass die Fahrt viel länger gedauert hat, als sie eigentlich sollte - das sog. "Missing-Time" – Phänomen.

Manche der Entführten suchen nun professionelle Hilfe und wenden sich an einen Psychotherapeuten. Doch oft wissen viele noch immer nicht, was eigentlich mit ihnen passiert ist. An dieser Stelle kommt nun die Hypnose ins Spiel, um den vermeintlichen Erinnerungslücken zu Leibe zu rücken. Tatsächlich beginnt sich nun das unvollständige Mosaik an Erinnerungsfetzen plötzlich zu einer bizarren Geschichte zu formen. Gemeinsame Merkmale dieser Erzählungen ist z. B. das Betreten eines UFOs, das in der Regel in der Nähe wartet. Man wird in einen Raum gebracht und auf eine Art Operationstisch gelegt. Dort werden offenbar medizinische Tests durchgeführt, wobei sich die fremden Wesen meistens besonders für die Fortpflanzungsorgane interessieren. Danach wird manchmal eine Art visueller Test durchgeführt, in dem geprüft wird, wie die Entführten auf bestimmte Bilder, die sie zu sehen bekommen, reagieren. Einige Entführte berichten auch von richtigen Zuchtprogrammen, in denen Alien- mit Menschengenen gekreuzt werden. Doch die Hypnosetherapie ist nicht unumstritten. Mittlerweile wird sie oft auch ohne psychologische oder ärztliche Ausbildung angewendet, besonders von UFO-Forschern. So wird häufig kritisiert, dass die Therapierten unter Hypnose leicht anfällig sind für Einflüsse seitens des Hypnotiseurs. Dies kann zum Beispiel der Fall sein, wenn derjenige, der die Hypnose anwendet, schon ähnliche Fälle untersucht hat. Unbewusst oder bewusst steuert er dann die Hypnotisierten genau dahin, wo er sie haben will.

Aber auch bewusste Erinnerungen an eine Entführung stehen unter Kritik. Ein Phänomen, das schon seit einiger Zeit bekannt ist, ist die sog. "Schlafparalyse". Es ist eine Art Schlafstörung, die auch völlig gesunden Menschen passieren kann. Bei der Schlafparalyse vermischen sich Traumeindrücke mit der Realität. Der Betroffene meint aufzuwachen, befindet sich aber immer noch in der Traumphase. Besondere Merkmale sind dabei, dass man den Körper nicht bewegen kann, aber die Umgebung, bewusst wahrnimmt. Zusätzlich können nun Traumeindrücke kommen, z. B. fremde Wesen im Zimmer, etc., die aber von der Wahrnehmung der Realität, also z. B. des Zimmers, in dem man gerade schläft, nicht unterschieden werden können. Ein weiteres Erklärungsmodell ist das "False-Memory-Syndrom", also wenn bestimmte Ereignisse in der Erinnerung nicht mehr richtig rekonstruiert werden und dies für bare Münze genommen wird. Trotz dieser vermeintlich vernünftigen Erklärungen gibt es aber immer noch Rätsel. Besonders wenn zwei oder mehr Personen gleichzeitig vom sog. "Missing-Time" - Phänomen betroffen sind, wird eine rationale Erklärung schwierig. Auch gibt es Fälle, wo bezeugt wurde, dass die Betroffenen tatsächlich verschwunden waren. Manch eine unabhängige Befragung von zwei gleichzeitig Entführten gibt ebenfalls Rätsel auf, wie z. B. bei dem geschilderten Fall von Betty und Barny Hill.

So tut sich die Wissenschaft auch heute immer noch schwer mit dem Entführungsphänomen. In welche Richtung sich die Deutung dieses Phänomens entwickeln wird, ist nur schwer abzusehen. Sicher ist nur, dass die Kontroverse weitergeht.

Gerüchte: Unterirdische Basen – UFO Abstürze

Wie sich aus einer „normalen" UFO Sichtung eine Geschichte um einen UFO-Crash entwickeln kann, zeigt ein Fall aus der Degufo Datenbank (Degufo: deutsche nichtstaatliche UFO-Forschungsgruppe). Dort heißt es, dass die zwei Zeugen am Abend in ihrer Wohnung waren und durch ein Fenster plötzlich ein zigarrenförmiges Flugobjekt auf sich zufliegen sahen. Es flog knapp über das Haus hinweg in Richtung Dillberg. Am anderen Morgen hörte die Zeugin im Autoradio eine Meldung von "UFOs über Franken?" in der es hieß, das ein Waldstück am Dillberg in Brand geraten war.

Ein seltsamer Vorfall ereignete sich in Fresno/Kalifornien. Dort soll eines der ominösen schwarzen Dreiecke notgelandet sein. Das ganze wurde offenbar Nachts beobachtet und das Gebiet, in dem der Vorfall stattfand, ist ziemlich unzugänglich. Ein MUFON-Ermittler war bald vor Ort, der Videoaufnahmen machte. Es wurden auch unbekannte Fahrzeuge beobachtet, die den Absturzort aufsuchten. Danach wurde ein bläulich-weißes Licht wie von einem Schweißgerät gesichtet. Da der Ermittler vergeblich versuchte, den Absturzort zu erreichen, verpasste er allerdings den Abtransport des Vehikels. Er verglich das UFO mit der Form eines Stachelrochens. Interessant ist, das binnen 20 Minuten die unbekannten Fahrzeuge vor Ort waren.

Seit es das Phänomen der Entführungen durch Außerirdische gibt, haben sich unzählige UFO-Forscher gefragt, warum es eigentlich bei diesen Aktionen keine Unfälle gibt und sie bis auf wenige Ausnahmefälle meist nicht beobachtet werden. So ein Fall soll sich 1971 in der Nähe der Edwards Airforce Base in Kalifornien zugetragen haben. Laut Zeugenaussagen hatte sich dort ein Pilz-förmiges UFO in den Erdboden gebohrt. Als die Beobachter des Vorfalls sich näherten und schließlich auch Militär eintraf, gab es eine Überraschung: Neben einem lebenden Alien befand sich auch eine offenbar entführte Frau in den Trümmern, Lorraine Dvorak Cordini, die den Absturz ebenfalls überlebt hatte. Sie gab an, von den Aliens an Bord eines Mutterschiffes gebracht, und wieder auf dem Rückweg gewesen zu sein, als der Crash passierte. Die Quelle der Geschichte ist Anton Anfolov, CSETI, von dem auch einige andere bizarre Geschichten stammen, wie die Begegnung des Präsidenten Eisenhowers mit Aliens auf eben jener Edwards Airforce Base. Das US-Militär hat allerdings dazu eine andere Story parat. Demnach soll im Juni 1971 eine SR-71 Blackbird bei der Basis abgestürzt sein.

Im Jahr 1974 soll in Wales ebenfalls ein UFO abgestürzt und vom Militär untersucht worden sein. Einige der Aliens wurden angeblich lebend geborgen. Die ursprüngliche Quelle für diesen Vorfall ist der inzwischen verstorbene UFO-Forscher Tony Todd, der einen Zeugen unter dem

Pseudonym James Prescott anführte. Letzterer sollte während seines Militärdienstes 1974 einige Kisten transportieren, die in seiner Gegenwart geöffnet wurden. Angeblich sollen diese Kisten Alien-Körper beinhaltet haben. Die Überreste des UFOs und die Alien-Körper sollen zu dem Stützpunkt Porton Down transportiert worden sein.

Ein weiterer Crash, der jedoch nach einem Geheimprojekt des US-Militärs aussieht, ereignete sich in Needles, Kalifornien am 14. Mai 2008. Ein Zeuge, genannt „Bob on the River" war mit seinem Hausboot auf dem Colorado unterwegs, als westlich des Flusses ein zylindrisches Objekt abstürzte. Bob versuchte über sein Satelliten-Telefon Hilfe herbei zu rufen, bekam jedoch keine Verbindung. Es dauerte nicht lange, und Helikopter erschienen auf der Szene. Darunter war auch ein sog. Sky Crane, der schließlich das Objekt fort brachte. Währenddessen glühte das Objekt immer noch. Ein lokaler Radiosender verbreitete die Geschichte, die schließlich auch im Internet Schlagzeilen machte. Ein weiterer Zeuge, Frank Costigan, konnte das Objekt ebenfalls beobachten. Er beschrieb, wie es die Geschwindigkeit änderte und hinter einigen Hügeln herunterkam. In der Gegend werden auch immer wieder schwarze Fahrzeuge von „Bundesagenten" (federal agents) gesehen, doch laut George Knapp, der den Fall untersuchte, müssen diese nicht unbedingt etwas mit dem Crash zu tun haben. Jedenfalls waren sie auch nach dem Vorfall in der Stadt zu sehen.

Auch das FBI interessierte sich offenbar für UFO-Abstürze. Ein bereits in den 70ern freigegebenes Memo, das aus dem Jahr 1950 stammt, sorgte vor wenigen Jahren für Furore. Das Memo, das nun auch auf der FBI-Seite anzusehen ist, wurde bereits eine Million mal angeklickt. Das Papier war an FBI Direktor Edgar Hoover adressiert und beschäftigt sich mit drei angeblich in New Mexiko abgestürzten fliegenden Untertassen. Es wird ein Informant genannt, dessen Name allerdings geschwärzt ist. In den Untertassen fanden sich nur "drei Fuß" (etwa ein Meter) große Körper, die "metallische" Kleidungsstücke an hatten. In dem Memo wird auch die Theorie aufgestellt, das in der Absturzgegend aufgestellte Radargeräte das Kontrollsystem der Untertassen gestört haben könnte. Das Memo muss man vor dem Hintergrund verstehen, das es in den USA viele voneinander getrennte Behörden und Geheimdienste gibt, die sich gegenseitig misstrauisch beäugen. Hoover interessierte sich offenbar für das UFO-Phänomen und glaubte, das ihm Informationen vorenthalten wurden. Das FBI versucht zur Zeit das Ganze ein wenig herunterzuspielen, was der Popularität des Memos allerdings keinen Abbruch tut.

Ein Mitarbeiter von Lockheed, der Firma, die auch die U-2 und SR-71 gebaut hat, hat einige erstaunliche Enthüllungen vor seinem Ableben in den 90ern gemacht. So jedenfalls steht es in der Mai/2010 Ausgabe des Mufon Journals. Demnach gibt es zwei Typen von UFOs: "die von uns und die von ihnen". Es soll auch ein alternatives Weltraumprogramm geben, eine Aussage, die sich wiederum mit den Entdeckungen des Pentagon Hackers Mc Kinnons decken. Dieser berichtete von einer Liste mit "extraterrestrischen Offizieren". Wie solche Aussagen zu bewerten sind, ist natürlich schwierig zu beurteilen. Jacques Vallee hat einmal in einem seiner Bücher den Verdacht geäußert, das die UFO Bewegung von Geheimdiensten gezielt mit falschen Informationen versorgt wird. So wird es nahezu unmöglich, die Wahrheit von den Lügen zu trennen.

Ein interessanter Vorfall hat sich 2008 über der Area 51 abgespielt. Ein UFO, das von Zeugen vom "Extraterrestrial Highway" aus beobachtet wurde, schwebte in der Nähe der berüchtigten Basis "Area 51" Die Zeugen beschrieben, das plötzlich eine ganze Bergkette in Licht getaucht war, offenbar von der Basis ausgehend. Mehrere Male ging das Licht an und aus, insgesamt dauerte es etwa eine halbe Stunde. Das UFO verschwand mehrere Male, tauchte aber immer wieder auf. Die Zeugen vermuteten, das die Lichtsignale dazu dienten, das UFO zum Bleiben zu bewegen.

Eine weitere Spielwiese für Gerüchte sind außerirdische Satelliten. Der Wissenschaftler Duncan Steel hält ein 1991 entdecktes Objekt für ein fremdes Raumschiff oder eine außerirdische Sonde. Das Objekt hat eine heliozentrische

Umlaufbahn, kreist also um die Sonne, und nähert sich in periodischen Abständen der Erde. So hält man es für unwahrscheinlich, dass es sich um ein Menschen-gemachtes Objekt handelt, da irdische Raketenstufen in der Regel den Gravitationsbereich der Erde nicht verlassen. 1991 VG war zuletzt 2016 in der Nähe der Erde. Steel führt neben der Umlaufbahn des Objektes auch dessen Reflexionseigenschaften für seine These an.

Im Februar 1960 wurde ebenfalls ein großer fremder Satellit entdeckt, der schließlich den Namen "Black Knight" bekam. Er soll in einer polaren Umlaufbahn um die Erde gezogen sein. Nun war dieser Satellit für damalige Verhältnisse ungewöhnlich groß und auch seine Umlaufbahn entsprach nicht den Gepflogenheiten im Jahre 1960. So wurden Mutmaßungen laut, es könne sich um etwas Extraterrestrisches handeln. Auch sollen mysteriöse Signale aufgefangen worden sein, die man angeblich als Sternenkarte dekodieren konnte. Die Karte zeige Epsilon Bostes (ist vielleicht epsilon bootis gemeint?), wie man das Sternensystem vor 13000 Jahren von der Erde aus sah. John Keel schrieb darüber in "Disneyland of Gods". Leider widersprechen sich die verschiedenen Versionen der Geschichte, so dass man wieder nichts Genaues weiß. So heißt es zum Beispiel, der Satellit hätte im Schatten von Sputnik, dem ersten Satelliten, seine Bahnen gezogen, aber der Start von Sputnik war bereits 1957 und der künstliche

Erdtraband war nur einige Monate im Orbit. Außerdem hatte Sputnik keine polare Umlaufbahn.

Immer wieder werden auch Spekulationen um unterirdische Basen laut. In jüngster Zeit rauschte es gewaltig im indischen Zeitungsblätterwald – so soll es an der indisch-chinesischen Grenze eine unterirdische Basis außerirdischer Besucher geben. Nach einem Artikel von India Today meldet eine Truppe der indischen Armee wiederholte UFO-Sichtungen. Unbemannte militärische Drohnen könne man ausschließen, diese würden extra registriert. Angeblich soll sogar der indische Premierminister informiert worden sein. Während einer Sichtung wurde ein mobiles Radargerät in Stellung gebracht, das allerdings nichts registrierte, obwohl das Objekt mit unbewaffneten Auge gut zu erkennen war. Meldungen von UFOs in diesem Gebiet sorgten schon in der Vergangenheit für Aufregung in Indien. Allerdings ist das Interesse der Ufonauten an militärischen Aktivitäten bereits seit Ende der 40er Jahre bekannt und muss nicht unbedingt auf eine Basis in der Gegend hindeuten.

Das Internet ist meistens die Quelle erster Wahl, wenn es um Gerüchte geht. So geisterte 2004 eine Geschichte durch das Netz, die ich dem geneigten Leser nicht vorenthalten will. In der Nähe eines Ortes in Missouri/USA gibt es ein größeres Höhlensystem, das auch von der US-Navy genutzt wird. Darüber hinaus dient es im Falle eines Atomschlages als

Fallout Schutz. Zwei abenteuerlustige junge Männer aus der Gegend beschlossen mit ihren Quads die Höhle zu befahren. Der Gang, den sie benutzten, war geräumig, eben und ideal für die Quads. Sie fuhren mit hoher Geschwindigkeit dahin, so dass sie zu spät bemerkten, das der Gang nach einer Weile einen 90° Knick vollzog. Fast ungebremst rasten sie auf eine Felswand zu. Nun passierte das unerwartete. Anstatt eines Crashs fuhren sie einfach durch die Felswand *hindurch*. Offenbar war die Wand eine Art Hologramm, um zu verhindern, das man den Gang geradeaus weiter benutzte. Trotz des unerwarteten Vorfalles fuhren sie den Gang geradeaus weiter. Nach einer Weile sahen sie plötzlich zwei Gestalten, die allerdings ganz und gar nicht menschlich aussahen. Vielmehr sahen sie nach Aussage eines der Männer wie Reptilien aus. Eines der Wesen feuerte mit einer Art Waffe auf die beiden Quadfahrer. Ein Quad wurde getroffen, allerdings gelang es den Männern auf dem zweiten Quad zu fliehen. Sie passierten ein Graffiti an der Höhlenwand, an dem das Wesen, das sie verfolgte, stehen blieb. Offensichtlich war dies eine Art unsichtbare Grenze. Als sie wieder in der Nähe des Ausganges waren, trafen sie auf Navy-Soldaten, die sie von dem Gelände warfen.

Natürlich klingt das ganze, als hätte es ein Internet-Troll erfunden. Zur Verteidigung des Quadfahrers, der die Geschichte öffentlich machte, kann man nur ins Feld führen, das er sich damals auf einer Internetseite der Diskussion stellte. Zu diesem Zeitpunkt stand er offenbar noch unter dem Eindruck des Geschehens und aus seinem Bericht konnte man entnehmen, das er sichtlich erschüttert war. Die Reptiloiden sind unter den UFO-Forschern ziemlich umstritten. Sie tauchen auch bei UFO-Entführungen auf und gehören neben den kleinen Grauen (Greys) und den „Nordischen" (große, skandinavisch aussehende menschenähnliche Wesen) inzwischen zur UFO-Folklore.

Die Stephenville-Sichtungen

Im Januar 2008 ereignete sich in Stephenville und Dublin, Texas rätselhaftes. Der lokalen Zeitung wurden immer wieder nächtliche Lichter gemeldet, die sich laut Zeugenaussagen nicht wie normale Flugzeuge verhielten. Auch Polizisten und Piloten waren unter den Zeugen. Dies erreichte dann am Abend des 8. Januar seinen Höhepunkt, als von verschiedenen Zeugen ein großes Objekt mit Lichtern gesichtet wurde, dass in seinen Ausmaßen die Größe einer Boeing 747 weit übertraf. Außerdem wurden auch Militärjets gesichtet, allerdings waren laut Airforce angeblich zu dieser Zeit keine Jets in der Luft.

Was ist davon zu halten? Das Militär verwickelte sich schnell in Widersprüche. Schließlich wurde erklärt, dass doch 10 Jets in der Luft gewesen waren, die eine Übung absolviert hatten. Aber der Luftraum, in dem die Jets üblicherweise ihre Übungen abhielten, lag zwar in der Nähe, allerdings nicht über Stephenville. Doch die Jets überflogen regelmäßig Stephenville, um zu dem für die Airforce reservierten Luftraum zu gelangen. Ein Zeuge aus Dublin, der ebenfalls ein riesiges Objekt gesehen haben will, hatte angeblich einen Anruf von einem Militärangehörigen, in dem er aufgefordert wurde, eine Aussage vor zuständigen Militärstellen zu machen. Auch flogen immer wieder Jets über sein Anwesen, so dass er sich massiv belästigt fühlte. Als er sich weigerte, eine Aussage zu machen und auch seine Aussagen in der Öffentlichkeit nicht einstellen wollte, wurde er von dem Anrufer massiv unter Druck gesetzt. Doch schließlich hörten die Überflüge auf und der Zeuge erzählte auch weiterhin von seiner Sichtung.

Das Ganze hört sich wie eine Räuberpistole an, aber es kam noch besser. Die Auflage der lokalen Zeitung erreichte durch die UFO-Berichte ungeahnte Höhen, doch schließlich wurde die zuständige Reporterin von ihrem Chef unter Druck gesetzt mit ihren Artikeln aufzuhören. Sie zog die Konsequenz und kündigte.

Was war eigentlich an diesem Abend am 8. Januar wirklich geschehen? Eine Untersuchung von MUFON brachte schließlich etwas Licht ins Dunkel. Durch den „Freedom of Information Act" konnte sie die Freigabe von Radardokumenten erzwingen, die von zivilen und militärischen Radarstationen stammten. Das Ergebnis verblüffte auch Experten. Offenbar waren zu dem fraglichen Zeitpunkt nicht nur Militärjets in der Luft, sondern auch ein Objekt ohne Transponder, das einen Kurs von Nord-West nach Süd-Ost hatte. Es flog überwiegend mit niedriger Geschwindigkeit, jedes andere Flugzeug dieser Größe wäre dabei wohl wegen fehlenden Auftrieb wie ein Stein vom Himmel gefallen. Kurzzeitig beschleunigte es, doch nur um danach mit niedriger Geschwindigkeit weiter zu fliegen.

Doch was war sein Ziel? Nichts weniger als die Ranch des damaligen Präsidenten George W. Bush, die nicht weit von Stephenville gelegen ist. Angeblich war der Präsident zu dem fraglichen Zeitpunkt nicht auf seiner Ranch, er hätte allerdings nichts zu befürchten gehabt. Kurz vor der Ranch verschwand das Radar-Echo.

Die Geschichte lässt einen etwas ratlos zurück, wie viele UFO-Sichtungen. Wenn man davon ausgeht, dass es sich wirklich um ein fremdes Flugobjekt handelte, was war seine Absicht? Wollte es Kontakt aufnehmen, oder war dies eine Machtdemonstration? Die Militärjets jedenfalls schienen zu wissen, das von dem UFO keine Gefahr ausging, sie versuchten nicht, es abzufangen, wie aus den Radardaten hervorgeht.

UFOs über Flugverbotszonen

Um die Jahreswende 2014/2015 berichteten Zeitungen und Internetmedien in Frankreich beunruhigendes. Unbekannte Flugobjekte machten den Luftraum über französische Kernkraftwerke unsicher. Über die genaue Art der Beobachtungen hielt man sich bedeckt, jedoch machte man Drohnen für die Überflüge verantwortlich. Seltsam war nur, dass trotz des Einsatzes der Gendarmerie keiner der Störenfriede verhaftet werden konnten, die angeblich die Drohnen steuerten.

Dazu muss man wissen, das handelsübliche Drohnen sich nur wenige Minuten in der Luft halten können und der Pilot in der Nähe sein muss, da über WLAN oder Bluetooth die Verbindung aufrechterhalten wird. Es gibt allerdings auch teurere Drohnen, die gerne von professionellen Kamerateams benutzt werden, die eine größere Reichweite haben. Diese könnten auch rein theoretisch einen vorgegebenen Kurs über GPS-Koordinaten abfliegen. Den Beweis, dass es sich um solche Drohnen handelt, blieb die französische Regierung allerdings schuldig. Schließlich nahm der Leiter des Kernkraftwerks Blayais im Südwesten Frankreichs das Unwort „UFO" in den Mund. Er ließ verlauten, das 2014 keine Drohnen, allerdings ein UFO gesichtet wurde.

Wenn man die Geschichte des UFO-Phänomens betrachtet, sind solche Überflüge über Flugverbotszonen eigentlich nichts Neues. Nicht nur Kernkraftwerke, auch Militärbasen sind immer wieder Ziele der unbekannten Besucher. Besonders bekannt sind natürlich die UFOs, die angeblich immer wieder über der berüchtigten Militärbasis Area 51 gesehen werden. Wie bei vielen Legenden könnte es auch hier einen wahren Hintergrund geben. Tatsächlich melden immer wieder Zeugen, die sich Nachts in der Nähe der Basis aufgehalten haben, Lichter am Himmel mit waghalsigen Flugmanövern. Aber auch über anderen Militärbasen der USA werden immer wieder UFOs gesichtet. In einem Fall war dies ein Raketensilo mit Nuklearwaffen. Während der Sichtung, die sich am Eingangstor abspielte, kam es sogar zu einem Vorfall, der sich nicht erklären ließ. Die Raketen, die startbereit gehalten wurden, schalteten sich eine nach der anderen ab.

Das sich UFOs für unsere zivile und militärische Technologie interessieren erscheint logisch, doch scheinen damit keine aggressiven Absichten verbunden zu sein. Es gibt immer wieder Berichte, dass bei Abfangversuchen sich die UFOs zurückzogen, anstatt Waffen einzusetzen.

Im Jahr 2017 ereignete sich ungeheurliches. Ausgerechnet die „New York Times" berichtete von einem Forschungsprogramm des Militärs, das zum Ziel hatte,

Daten über UFO-Sichtungen zu sammeln. Auch von fremdartigen Material, das von UFOs stammen sollte, wurde geschrieben. Da das Wort „UFO" etwas vorbelastet ist, erfand man die Bezeichnung „UAP" (Unidentified Arial Phenomena). Ein Video machte im Netz die Runde, die angeblich von Kampfjets der US-Navy aufgenommen wurde. Das Pentagon bestätigte schließlich die Echtheit des Films. Allerdings war die Auflösung des Streifens nicht gerade umwerfend, so dass noch Zweifel blieben. Vor kurzem (Mai 2021) erschien ein weiteres Video, dass offenbar ein unbekanntes Objekt zeigte, das über dem Meer flog, und schließlich darin eintauchte. Die Auflösung war wieder verbesserungsbedürftig, aber das Eintauchen war eindeutig zu erkennen. Es dürfte das erste Mal sein, dass diese Fähigkeit auf Film gebannt wurde, obwohl schon mehrfach über solche hybride Objekte berichtet wurde.

Sogar amerikanische Politiker sind inzwischen besorgt, da vom Militär früher immer das Mantra ausgesprochen wurde, UFOs ließen sich rational erklären und würden keine Bedrohung der Nationalen Sicherheit darstellen. Angeblich ist ein offizieller Bericht in Arbeit, aber es gibt inzwischen auch Angehörige des Militärs, die zurück rudern. Offenbar gibt es immer noch die zwei bereits erwähnten Fraktionen innerhalb des Militärs, und es ist noch keineswegs klar, wer sich durchsetzen wird. Den Vogel schoss aber der Ex-Präsident Obama ab, als er in einem Interview meinte, das man nicht wüsste, „wie sie sich bewegen". Allerdings fand diese Aussage in einer lockeren Atmosphäre statt, obwohl Obama sichtlich bemüht war, während dieser Aussage ernst zu bleiben. Man kann aber das Fazit ziehen, dass offenbar auch das Militär über dieses wiederholte Eindringen in gesperrte Lufträume besorgt ist.

UFO-Antrieb

Anfang der 90er Jahre rumorte es in der Welt der Physiker. Eugene Podkletnov hatte seltsames zu berichten. Er hatte an der Universität Tampere Versuche mit einer rotierenden supraleitenden Keramikscheibe durchgeführt, die ein erstaunliches Ergebnis erbrachten. Gegenstände, die sich oberhalb der Scheibe befanden, wurden um die 2 % leichter. Offenbar gab es eine Abschirmung der Gravitation. Dr. Ning Li, eine amerikanische Physikerin, berichtete ähnliches.

Doch es konnte offenbar niemand Podkletnovs Versuche erfolgreich wiederholen und auch der Effekt bei Ning Li's Versuchen schien sehr klein zu sein. Jetzt könnte jedermann zufrieden sein, doch die Gerüchteküche im Internet brodelte. Fakt ist, das Podkletnov etwas unrühmlich seinen Arbeitsplatz wechseln musste und schließlich in Moskau landete. Laut seinen Aussagen hat er sein Gerät weiterentwickelt und die Ergebnisse seien vielversprechend. Mehr war in den letzten Jahren von ihm nicht zu hören.

Bei Dr. Ning Li sah es nicht besser aus. Sie forschte auf dem Gebiet weiter, doch was ihre jüngeren Arbeiten anbelangt, hält sie sich bedeckt. Da von ihr in den letzten Jahren nichts zu hören war, versuchten einige Besucher eines amerikanischen Internetforums, sie ausfindig zu machen und Kontakt mit ihr aufzunehmen. Doch ihre Bemühungen waren nicht von Erfolg gekrönt. Die Gerüchte beendete schließlich Podkletnov, er hatte erfahren, dass sie bei DOD arbeitet, womit möglicherweise das Department of Defence gemeint ist.

Wenn dies stimmen sollte, haben jeweils Russland und die USA, also die ehemaligen Gegner im kalten Krieg, zwei kompetente Wissenschaftler auf dem Gebiet der Gravitationsforschung auf ihrer Seite. Ein Schelm, wer böses dabei denkt. Sogar die NASA soll versucht haben Podkletnovs Versuche zu wiederholen, allerdings war auch sie nicht erfolgreich. Der Österreicher Martin Tajmar stellte nach der Jahrtausendwende ebenfalls Versuche mit rotierenden Supraleiter an. Er schien einen Effekt messen zu können, doch standen seine Ergebnisse im Widerspruch mit Versuchen anderer Wissenschaftler. In der Physikerwelt scheint man sich heute jedenfalls weitgehend einig zu sein, dass die Arbeiten der erwähnten Wissenschaftler zu keinem Ergebnis führen werden.

Und doch gibt es einige Indizien, die zumindest Magnetismus in Verbindung mit dem UFOs bringen könnte. So wurden während der Sichtung von UFOs manchmal sehr starke Magnetfelder gemessen, wie u. a. Illobrand von Ludwiger schreibt. Gerhard Gröschel führt heute diese Arbeit weiter und entwickelte Beobachtungsstationen, die in dieser Hinsicht etwas Licht ins Dunkel bringen sollen.

Wiederholt konnte er dabei nicht identifizierbare Flugobjekte beobachten. So bleibt zu hoffen, dass die Suche nach dem UFO-Antrieb kein Kampf gegen Windmühlen wird. Schließlich glaubten die Physiker bereits um 1900, dass es in der Zukunft keine wesentlichen Neuerungen in der Physik geben würde – und dann kam Einstein.

Wissenschaftler und Außerirdische

Wissenschaftler und Außerirdische sind ein besonderes Thema. Einerseits glauben viele Akademiker, dass es außerirdische Intelligenz gibt, andererseits können sich die meisten nicht vorstellen, das diese bereits hier sind. Das Außerirdische mit uns (noch) keinen offiziellen Kontakt wollen, kratzt eben doch am menschlichen Ego. Es wird immer wieder ins Feld geführt, dass die Entfernungen im All einfach zu groß sind und nicht überwunden werden können. Könnten aber sich ET's in unserer galaktischen Nachbarschaft befinden? Seit Jahren suchen Astronomen nach Planeten außerhalb des Sonnensystems und es stellt sich immer mehr heraus, dass erdähnliche Planeten, die ihren Stern in einer Entfernung umkreisen, in der theoretisch Leben möglich ist, keine Seltenheit sind.

Im August 2016 machte beispielsweise eine Meldung Schlagzeilen, nach der ein erdähnlicher Planet unseren nächsten Nachbarn im All umkreist, den 4,24 Lichtjahre entfernten Nachbarstern Proxima Centauri, ein roter Zwerg. Er soll angeblich in einer Entfernung seinen Stern umkreisen, in der flüssiges Wasser und demnach auch theoretisch Leben möglich wäre. Der Planet soll 1,3 Erdmassen und sein Stern etwa 14 % der Sonnenmasse haben. Er umkreist den Stern in 11,2 Tagen in einer Entfernung von 7,5 Millionen Kilometern. Der rote

Zwergstern sendet allerdings mehr UV- und Röntgenstrahlen aus als unsere Sonne, was die Entwicklung von Leben beeinträchtigen könnte. Auch ist nicht bekannt, ob und welche Atmosphäre der Planet besitzt.

Es gibt noch weitere Unsicherheitsfaktoren. Der Planet ist seinem Stern viel näher als beispielsweise die Erde der Sonne (150 Millionen Kilometer). Dabei besteht die Gefahr, das durch die Gravitation des Sterns der Planet so beeinflusst wird, dass er dem Stern immer die gleiche Seite zeigt. Dies ist beispielsweise auch bei unserem Mond der Fall. Für Leben wäre dies allerdings ungünstig. Durch die Methodik der Astronomen ist es aber leider so, das Planeten, die ihren Stern in einer engen Umlaufbahn umkreisen, schneller gefunden werden. Planeten, die ihren Stern in einer weiter entfernten Bahn umkreisen, tauchen weniger häufig in den Pressemeldungen auf. Dies ist jedenfalls mein subjektiver Eindruck.

Ein anderer Stern verursacht gerade ebenfalls Rätselraten bei Astronomen. Bereits im Jahr 2015 entdeckten Astronomen einen Stern, der in kein Muster passt. Ins Visier der Wissenschaftler geriet der Stern ebenfalls bei der Suche nach extrasolaren Planeten. Eine der Methoden, mit der nach solchen Objekten gesucht wird, ist der Transit vor dem Mutterstern, der eine leichte Verdunklung verursacht. Bei dem 1500 Lichtjahre entfernten KIC 8462852 treten ebenfalls Verdunklungen auf, doch scheinen sie nicht von Planeten verursacht zu werden. Eine Vermutung war, dass es sich um einen Kometenschwarm handeln könnte. Eine andere Deutung geht noch etwas weiter. Demnach handelt es sich dabei um eine sog. Dyson Sphäre, also eine künstliche Struktur, mit der Außerirdische Energie von ihrem Stern gewinnen. Naturgemäß ist diese Theorie sehr umstritten, doch langsam scheinen den Astronomen die natürlichen Erklärungen auszugehen. Neue rätselhafte astronomische Phänomene wurden allerdings schon mehrmals mit Außerirdischen erklärt. So z. B. auch vor einigen Jahrzehnten bei Pulsaren (Neutronensterne), die wie ein kosmisches Leuchtfeuer regelmäßige Radiowellen ausstrahlen.

Besteht also die Möglichkeit, das man in näherer Zukunft auf Außerirdische Intelligenzen stößt? Wenn ja, dann wird das eher durch einen Zufall sein – die systematische Suche, wie sie beispielsweise die Radioastronomen von SETI seit Jahrzehnten durchführen, hat bisher wenig Ergebnisse gebracht.

Alienarten

Bei Ufolandungen und Entführungsfällen werden die unterschiedlichsten Wesen beobachtet. Wenn man alle veröffentlichten Fälle seit 1947 berücksichtigt, hat man den Eindruck, die gesamte Galaxie kommt regelmäßig auf eine Stippvisite vorbei. Genauso verhält es sich mit den Arten von UFOs. Es gibt natürlich die klassischen Scheiben und nächtliche Lichter, dann Zigarren, Sphären, Saturnförmige, Dreiecke, V-förmige und Sonderformen, die meist nur einmal auftauchen. Somit ist es schwierig, eine Klassifikation vorzunehmen. Es fängt schon damit an, ob man die Fälle von Entführungen durch Außerirdische mit hinzunimmt, die naturgemäß umstritten sind.

Überraschenderweise tauchen immer wieder bei UFO-Landungen und Entführungen Wesen auf, die wie normale Menschen aussehen. Dann gibt es kleinere menschenähnliche Wesen und natürlich auch die kleinen Grauen, die „Greys", die sowohl bei Landungen, als auch bei Entführungen schon beobachtet wurden. Bei den Greys scheint es wiederum unterschiedliche Arten zu geben, die häufigste Variante haben kleine schmale Körper, einen übergroßen Kopf und große oft schrägstehende schwarze Augen. Sie sind häufig unbkleidet, ihre Haut hat eine graue Farbe, daher der Name. Aber es gibt auch bekleidete Greys und die Hautfarbe kann auch variieren. Dann gibt es noch größere Greys, die offenbar nicht so oft beobachtet werden. Weiter gibt es noch die „Nordischen", menschenähnliche Wesen, die oft etwas größer sind und einen skandinavischen Eindruck machen. Vor allem bei Entführungenberichten sind offenbar die „Reptiloiden" zu finden, die zwar ein humanoides Äußeres haben, aber ansonsten eher wie Reptilien aussehen. Auch vor allem bei Entführungen tauchen die „Insektoiden" auf, also Insektenähnliche Wesen. In Russland wurden bei einer Landung auch riesenhafte humanoide Wesen beobachtet, aber in westlichen Ländern scheint diese Art selten aktiv zu sein.

Das sind die am häufigsten beschriebenen Alienarten. Hinzuzufügen wären noch die „Kapuzenwesen", die zuweilen bei Entführungen beschrieben werden, aber hier überschneidet sich das Entführungsphänomen mit dem der „Bedroom Visitors", den „Schlafzimmer Besuchern", also wenn plötzlich fremde Wesen in der Nähe des Nachtlagers gesichtet werden. Die Kapuzenwesen sind etwas kleiner als normale Menschen, vollständig in einer Kutte mir einer Kapuze gehüllt und scheinen bei den Entführungen, bei denen sie beteiligt sind, den Ton anzugeben. In einem Fall war ein Entführter zu Tode erschrocken, als er einem solchen Wesen Nachts im Flur seiner Wohnung begegnete. Interessanterweise hatte dieser Entführte sonst meist nur mit den kleinen Grauen zu tun.

Dieser Fall führt gleich zu einem anderen Rätsel. Denn in Arizona wurde in den 1970ern der Waldarbeiter Travis Walton entführt, ein Fall, der landesweit Schlagzeilen machte. Walton war 5 Tage lang verschwunden und überstand auch einen Test mit einem Lügendetektor. Walton berichtete, dass er in einem Ufo, das in einer Art Hangar stand, von Wesen untersucht wurde, die offenbar Ähnlichkeit mit den kleinen Grauen hatten. Ihm gelang es sich kurzfristig zu befreien und irrte in dem Ufo und dem Hangar umher. Zu seiner Überraschung begegnete er mehreren Menschen, die ihn aber dann mit einer Narkosemaske betäubten. Es gibt also nicht nur eine Verbindung von den Kapuzenwesen und den kleinen Grauen, sondern auch von menschlichen Ufonauten mit Wesen, die Ähnlichkeit mit den kleinen Grauen haben.

Man sieht, die Klassifikation ist nicht so einfach und vor allem die menschlichen Ufonauten passen eigentlich überhaupt nicht in das Bild des klassischen Außerirdischen. Illobrand von Ludwiger hat daher schon vor Jahren die Theorie aufgestellt, dass es sich bei einigen der Ufonauten um Zeitreisende aus der Zukunft handeln könnte. Das würde auch das große Interesse an unserem Planeten erklären. Die Ufobesatzungen dagegen, die fremdartig aussehen, passen in diese Theorie allerdings nicht so ganz hinein. Aber es könnten natürlich sowohl Außerirdische, als auch Zeitreisende sein, die unseren Himmel bevölkern.

Von Oumuamua und Präastronautikern

Seit dem ersten Buch von Erich von Däniken gibt es sie: die Präastronautik. Die Theorie von Dänikens besagt, dass es bereits in fühen Kulturen Kontakt zu Außerirdischen gab und diese für Götter gehalten wurden. Sie traten demnach als Lehrmeister auf und bereiteten den Weg für die ersten Hochkulturen. Beleuchten wir das einmal genauer. Die ersten Hochkulturen entwickelten sich vor 5000-6000 Jahren im Zweistromland und in Ägypten. Die ersten Höhlenzeichnungen sind vielleicht 40000 Jahre alt. Steinwerkzeuge wurden seit fast 2 Millionen Jahre in Afrika von den Vorfahren des Homo Sapiens genutzt. Aber aus dieser Zeit gibt es so gut wie keine künstlerischen Darstellungen, die gibt es wie gesagt erst vor etwa 40000 Jahren.

Nehmen wir mal diesen Wert als Anhaltspunkt, ab wann Menschen Erlebnisse künstlerisch festgehalten haben. Die Außerirdischen müssten also in dieser Zeitspanne die Erde besucht haben und es müssten ihnen Menschen begegnet sein, die das dann in irgendeiner Form festgehalten haben. Unsere Erde ist aber etwa 4,5 Milliarden Jahre alt, das gesamte Universum nochmal einige Milliarden Jahre älter. So wie es aussieht, gibt es in unserer unmittelbarer Nachbarschaft keine Planeten, die eine außerirdische Kultur hervorgebracht haben. Die "Aliens" müssten also von weiter her kommen. Aus einem anderen Spiralarm unserer Galaxie, oder von noch weiter her. In den unendlichen Weiten des Weltalls ist aber die Suche nach einem bewohnten Planeten reine Glückssache. Auch weiß man nicht, wie alt eine industrielle Zivilisation werden kann. Davon hängt ab, ob wir bereits in unserer Galaxie Außerirdische finden, die auf einem ähnlichen Stand wie wir, oder noch fortgeschrittener sind. Selbst wenn wir optimistisch sind, kann die Frage, ob uns Außerirdische in den genannten 40000 Jahren vielleicht schon gefunden haben, nicht eindeutig beantwortet werden. Aber das Ergebnis ist nicht gleich null, es könnte auch sein, dass die Außerirdischen einfach nicht gesehen werden wollen, solange wir unser Sonnensystem nicht verlassen können.

Wenn wir also zu einem Fazit kommen, eine eindeutige Antwort gibt es nicht. Um solch eine These zu vertreten, braucht es nachvollziebare Beweise, aber was unsere Vorfahren bei ihren Kunstwerken dachten, ist uns heute oft unbekannt. Nicht immer liegen Inschriften vor, die uns bei der Interpretation helfen. So wird es wohl noch lange eine Kluft zwischen Archäologen und Präastronautikern geben, aber ich würde keine Wette eingehen, dass es in unserem Sonnensystem überhaupt keine außerirdischen Artfakte gibt.

Spätestens, seitdem Oumuamua mit enormer Geschwindigkeit unser System durchquerte, überlegen auch Astronomen, ob wir Spuren intelligenten Lebens auch vor unserer Haustüre finden könnten. Der Gedanke ist folgender: Während auf der Erde hauptsächlich durch die

Witterung Spuren vergangener Zivilisationen dem Verfall preisgegeben sind, sieht es im All anders aus. Vor allem auf dem Mond könnten sich Spuren außerirdischer Besucher lange erhalten haben. Ich denke deshalb vor allem an den Mond, da er sich als Beobachtungsbasis hervorragend eignen würde. Seit den 60er Jahren wird der Mond von Satelliten beobachtet, und tatsächlich finden sich im Netz immer mal wieder Behauptungen, das sich künstliche Strukturen auf der Mondoberfläche befinden. Wenn vor Jahrtausenden oder vor Jahrmillionen Außerirdische auf dem Mond gelandet sind, um uns zu beobachten, könnten ihre Spuren immer noch erhalten sein. Solche Spuren auf der Erde zu finden, ist ungleich schwieriger. Inzwischen gibt es eine so große Menge an hochauflösenden Fotos des Mondes, dass man mittlerweile immerhin daran denkt, eine KI (Künstliche Intelligenz) auf die Suche nach außerirdischen Basen anzusetzen.

Auch der Mars könnte ein lohnendes Ziel für Xeno-Archäologen sein (xeno: fremd), allerdings ist dort die Oberfläche Staubstürmen ausgesetzt, wenn auch die Atmosphäre nur etwa hundertmal dünner als die der Erde ist. Vor allem der Marsmond Phobos ist im Fokus der Experten geraten, da er offenbar leichter ist, als seine Größe erwarten ließe. Dies wird durch Hohlräume erklärt, die sich in dem Mond befinden könnten. Eine außerirdische Expedition könnte den Mond als Transportmittel genutzt und ausgebaut haben. Die Austronauten im Inneren wären dadurch vor Strahlung und Meteoriten weitgehend geschützt gewesen - ein Problem, das die irdische Raumfahrt immer noch nicht gelöst hat. So hatten die Astronauten 1969 großes Glück, das kein Strahlungsausbruch auf der Sonne auftrat, während sie auf dem Weg zum Mond waren. Die ISS, also die internationale Raumstation, ist in ihrer niedrigen Umlaufbahn von dem Magnetfeld der Erde geschützt, wenn sie weiter draußen wäre, hätte sie wahrscheinlich auf die Dauer Probleme. Dieses Szenario in Bezug auf Phobos wurde in der Vergangenheit immer wieder einmal von Wissenschaftlern diskutiert, seltsam ist z. B. das schon mehrere russische Sonden auf dem Weg zu Phobos technische Störungen hatten. Allerdings muss man dazu auch bemerken, das es inzwischen ganz brauchbare Bilder des Marsmondes gibt, sich also Sonden mittlerweile ungefährdet dem Mond nähern konnten. Ein interessantes Oberflächenmerkmal auf Phobos möchte ich nicht verschweigen. Es handelt sich um den "Phobos-Monolith", ein auffallender Objekt, dass einen langen Schatten wirft.

Das alles ist natürlich Spekulation, aber ich denke, wenn man mit Hilfe von Raumsonden bequem von der Erde aus Mars- und Mondfotografien sichten könnte, so sollte man das auch tun. Gerade am heutigen Tag (September 2020) sind diese Gedankengänge wieder aktuell, so wurde in der Venusatmosphäre ein Molekül nachgewiesen, welches nach

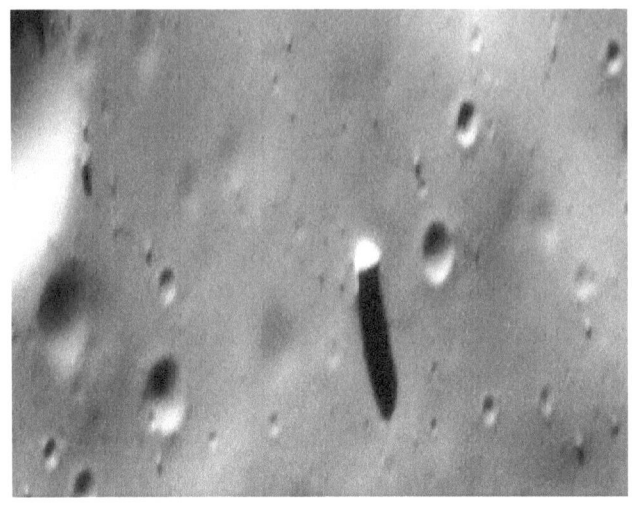

Abb. 5: Phobos-Monolith, Foto: NASA (Wikipedia)

bisherigen Kenntnisstand vor allem von Lebewesen produziert wird. So könnte auch die Erforschung unseres Sonnensystems noch spannend werden und wir werden vielleicht Spuren von Leben an Orten finden, an denen wir zunächst am wenigsten gedacht haben.

Analyse

Einige UFO Ermittler, wie Illobrand von Ludwiger setzen bei ihrem Versuch, die Existenz von UFOs beweisen zu können, auf Radardaten. Das Problem besteht darin, das laut Ludwiger die Software, die von der Luftraumüberwachung und von Meteorologen benutzt wird, bereits eine Interpretation der Radardaten vornimmt (UFOs über Europa). Es wird also erwartet, dass sich ein Flugzeug beispielsweise in bestimmten Geschwindigkeitsbereichen bewegt und keine allzu plötzlichen Kurswechsel vornehmen kann, etc. Dies alles wird in die Software einprogrammiert. Deshalb erfordert es z. B. bei echten UFO Sichtungen auch meist Experten auf dem Gebiet, die Daten richtig interpretieren zu können. Ludwiger ist aber trotzdem der Meinung, man könne mit Hilfe der bisherigen Radardaten die Existenz von UFOs beweisen, wenn dies auch von der Wissenschaft bisher bestritten wird.

Ein anderes Kapitel ist die Sternzeit. Die Sternzeit (kennt man vielleicht von Raumschiff Enterprise) bedeutet im Prinzip die scheinbare Drehung des Himmels mit den Sternen um den Nordstern. Die Sternzeit unterscheidet sich um 1/365 von einem Sonnentag, da hier neben der Drehung der Erde noch die Eigenbewegung der Erde um die Sonne dazu kommt. Nun soll es angeblich Häufungen von UFO-Berichten zu bestimmten Sternzeiten geben - was ja für eine außerirdische Herkunft sprechen würde. Allerdings könnten diese Statistik-Daten von der Tatsache verzerrt werden, dass zu späten (oder frühen) Nachtzeiten es seltener Zeugen gibt, die wach sind.

Interessant ist auch die Mimikry-Hypothese von J. Fiebag, die allerdings auch unter UFO-Forschern umstritten ist. Er formulierte eine Art Matrix-Theorie, in der wir sozusagen nur Spielfiguren in einer Art Computersimulation sind, die nach Belieben von den Aliens manipuliert werden können. Diese Hypothese hatte der inzwischen verstorbene Autor schon vertreten, bevor die Matrix-Filme herauskamen. Allerdings könnte man auch mit einer überlegenen Technik eine ganz schöne Show abziehen – ganz ohne Matrix. Wozu das Ganze eigentlich dienen soll und vor allem wer dahinter steckt, bleibt allerdings im Dunkeln. Wer hätte ein Motiv in eine solche Operation soviel Energie zu stecken? Zeitreisende, die ihre Existenz verschleiern wollen, oder doch die klassischen Außerirdischen, die nicht zu viel von sich preisgeben wollen?

Immerhin könnte man versuchen eine Art Psychogramm der Intelligenz zu entwickeln, die hinter dem UFO-Phänomen steckt. Der auffälligste Punkt ist sicherlich der, dass diese Wesen alles tun, um ihre Präsenz auf der Erde zu verschleiern. Man sollte sich immer vor Augen halten, dass nicht nur das US-Militär ein Motiv haben könnte, über UFOs zu schweigen, sondern auch die Wesen selbst. Der zweite Punkt ist das Interesse an unserer Militärtechnologie, insbesondere an unseren Nuklearanlagen. Dabei wird von den UFOs nicht unterschieden, ob die Atomenergie friedlich oder vom Militär genutzt wird. Es ist wohl kein Zufall, dass das Phänomen erstmals massiv auftrat, kurz nachdem die erste Atombombe gezündet wurde. Diese Risikotechnologie scheint jedenfalls von besonderen Interesse zu sein. Gelegentlich wird auch die Reaktionsfähigkeit des Militärs verschiedener Staaten getestet, insbesondere der Luftwaffe. Die Wesen suchen aber in der Regel keine Auseinandersetzung, sondern ziehen sich zurück, wenn es Ernst wird. Luftkämpfe (Dogfights) mit UFOs gab es bereits in den 50er Jahren, vereinzelt treten sie auch heute noch auf. Das Schema ähnelt sich in vielen Fällen. Das UFO taucht zum Beispiel in gesperrten Luftraum auf und es werden Abfangjäger hoch geschickt, um den Eindringling zur Landung zu zwingen. Manchmal wird daraus ein regelrechtes Katz und Maus Spiel, wobei man sich berechtigterweise fragt, wer eigentlich die Katze ist. Die UFOs springen oft ohne Zeitverzögerung von einem Ort zum anderen, was es extrem schwierig macht, die Zielerfassung zu aktivieren. Schließlich wird oft berichtet, dass das UFO am Schluss mit enormer Geschwindigkeit davon fliegt oder einfach verschwindet. Der letzte Punkt, der nicht außer Acht gelassen werden sollte, ist das offensichtliche Interesse an unseren Genen, wenn man den Berichten Entführter

Glauben schenken kann. Viele Entführte berichten von Untersuchungen an männlichen und weiblichen Fortpflanzungsorganen, den Entführten werden sogar angeblich „Hybriden" gezeigt, also Wesen, bei denen fremde Gene mit menschlichen gemischt wurden. Dabei scheinen Menschen nicht die einzigen Lebewesen von der Erde zu sein, an denen solche Versuche durchgeführt werden. In Einzelfällen wird auch berichtet, das den Entführten Bilder von Tieren gezeigt wurden, an denen ebenfalls genetische Veränderungen durchgeführt wurden.

Ist das also nur wissenschaftliches Interesse, das hier gezeigt wird, oder steckt mehr dahinter? Wird hier irgend etwas vorbereitet, was in absehbarer Zeit geschehen wird? Wenn man sich das bisherige vor Augen hält, könnte man natürlich zum Schluss kommen, das eine Art Invasion vorbereitet wird. Dazu passt aber nicht, das bei 99,9% aller direkten Kontakte Gewalt vermieden wird. Das bisherige Verhalten scheint vielmehr darauf hin zu deuten, dass auch in absehbarer Zeit sich die Intelligenz wahrscheinlich im Hintergrund halten wird, aber das ist nur meine persönliche Meinung. So wird das UFO-Phänomen wahrscheinlich auch in Zukunft rätselhaft bleiben, wenn sich nicht irgendwann ein technologischer Durchbruch ereignet, der die Intelligenz zwingt, sich zu offenbaren.

Literatur

C. D. B. Bryan, Akte UFO. Unheimliche Begegnungen der vierten Art. Entführungen durch Aliens (Originalausgabe 1995, deutsche Ausgabe 1999).

Nick Cook, Die Jagd nach Zero Point. Verschlusssache Antigravitationstechnologie (deutsche Ausgabe: 2006).

Johannes Fiebag, Die Anderen (München 1993).

Johannes Fiebag, Kontakt. UFO-Entführungen in Deutschland, Österreich und der Schweiz. Augenzeugen berichten (München 1994).

Richard Hall, Ungebetene Gäste. Eine mit Dokumenten belegte Chronologie über UFO-Sichtungen, Entführungen durch Außerirdische und über Vertuschung (amerikanische Ausgabe: Santa Fe 1988, deutsche Ausgabe Rottenburg 1997).

Major Donald E. Keyhoe, Der Weltraum rückt uns näher (deutsche Ausgabe: Berlin 1954).

Illobrand von Ludwiger, Unidentifizierte Flugobjekte über Europa (München 1999).

Illobrand von Ludwiger, UFOs – die unerwünschte Wahrheit. Alarmierte Militärs, uninteressierte Wissenschaftler und die andere Wirklichkeit der fremden Besucher (Rottenburg 2009).

Travis Walton, Feuer am Himmel (deutsche Ausgabe: Rottenburg 1996).

Internetquellen

www.mufon.com
www.grenzwissenschaft-aktuell.de
www.ufocasebook.com
www.mufon-ces.de
www.ufo-datenbank.de
www.ufoinfo.com

Abbildungsverzeichnis

Abb. 1   Mutmaßliches UFO über Passoria, New Jersey 1952. Lizenz: Public Domain.

Abb 2   UFO über Lake Cote, Costa Rica, September 1971. Quelle: Nationales Geographisches Institut, Costa Rica.

Abb 3   Himmelserscheinung über Nürnberg vom 14. April 1561, Flugblatt. Lizenz: Gemeinfrei.

Abb 4   Schwarzes Dreieck über Belgien, fotografiert am 15. Juni 1990 über Wallonia, Belgien. Urheber: J. S. Henrardi. Lizenz: Gemeinfrei.

Abb. 5   Phobos-Monolith, Foto: NASA